F*CK

ME ■
YES ■
NO ■
IT ■
THIS ■
FACE ■

TO...

FROM...

TO..

FROM...

To...

From...

TO...

FROM...

TO...

FROM..

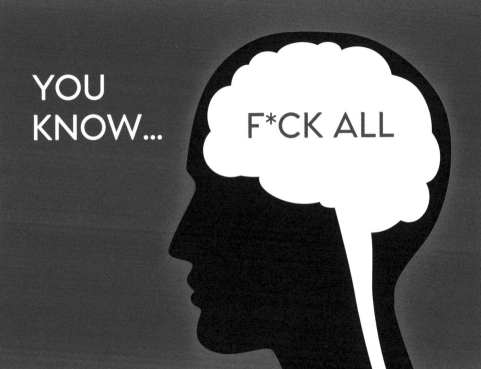

To..

From..

WELL, I'LL BE

F*cked

TO...

FROM...

TO..

FROM..

F*ckety
F*ck

To...

From...

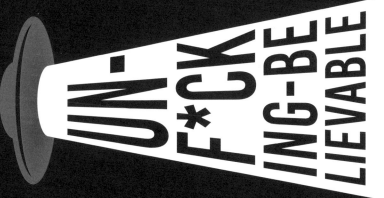

TO..

FROM..

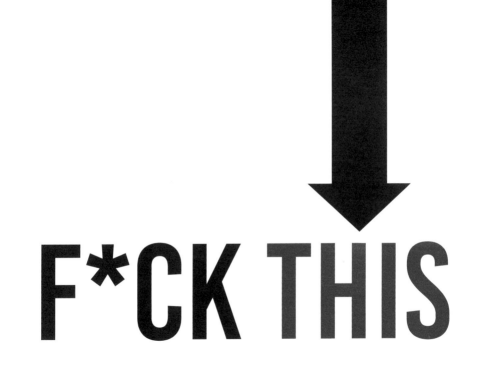

TO..

FROM...

To..

From..

TO..

FROM..

TO..

FROM...

To...

From...

F*CK

TO...

FROM..

TO..

FROM...

To...

From...

F*CK OFF

TO..

FROM..

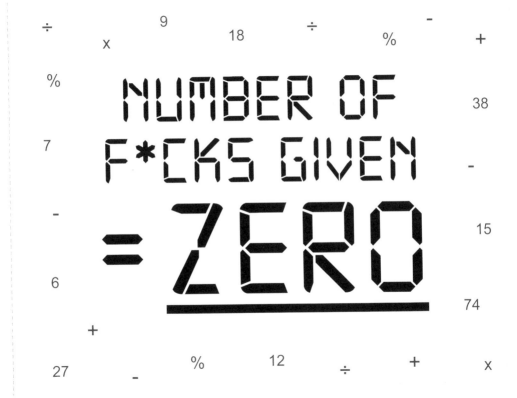

TO..

FROM...

To..

From..

f
for

f
f*ck's

s
sake

TO...

FROM...

TO..

FROM...

To..

From..

TO..

FROM..

TO...

FROM...

F*CK A DUCK!

To...

From...

WHAT THE F*CK ?!

TO...

FROM...

TO..

FROM...

To..

From..

TO...

FROM...

To..

From..